BRISEZ-MOI LE CŒUR,
j'en ferai mes plus beaux poèmes

DE LA MÊME AUTRICE :

De l'obscurité à la lumière

BOOKS ON DEMAND, 2023

BRISEZ-MOI LE CŒUR,
j'en ferai mes plus beaux poèmes

J. J. Kremer

Mentions légales

© 2024 J. J. Kremer

Édition : BoD · Books on Demand GmbH, In de Tarpen 42,
22848 Norderstedt (Allemagne)
Impression : Libri Plureos GmbH, Friedensallee 273,
22763 Hamburg (Allemagne)

Illustration : Jessica Kremer

Correction : Pauline Bilisari

ISBN : 978-2-3225-3755-6
Dépôt légal : Décembre 2024

Avertissement

Il est de mon devoir
de prévenir que beaucoup de sujets
sont abordés et que certains poèmes
parlent de *sensualité*, mais aussi de
relations toxiques,
de *dépendance affective*,
d'*agressions*, de *harcèlement*,
et, quelquefois, du *deuil*.
N'oubliez pas qu'il est important
de faire la différence
entre une *relation saine*
et une *relation malsaine*.

Prenez soin de vous,
avant tout.

Préface

Au fil du temps,
on se rend compte que nos relations
ont joué beaucoup dans notre perception
de la vie, passée, présente ou à venir.
Qu'il s'agisse de déceptions, de révélations,
ou de confusions, elles nous apportent
les éléments nécessaires pour évoluer.
C'est dans cette optique
que j'ai écrit ce recueil
où se cachent poèmes,
petits mots et autres textes,
essentiellement tournés
vers les relations humaines ;
qu'elles soient familiales,
amicales, mais surtout
amoureuses…

N'est-ce pas l'amour,

le sujet le plus universel au monde ?

Il était important, pour moi,
de mettre des mots sur mes maux,
même les plus profonds,
les plus ancrés,
dans ma chair.
Si j'ai créé ce recueil,
c'est pour que chacun
puisse s'y reconnaître
et se sentir moins seul.
Parce qu'avoir le cœur brisé,
ça n'arrive pas qu'aux autres.

N'oubliez pas que l'amour
existe réellement,
sous diverses formes,
et qu'il peut se trouver
n'importe où,
même là où
vous ne vous y attendez pas.

Playlist

Be Your Love – Bishop Briggs
Stay With Me – Sam Smith
Heaven – Julia Michaels
Fake Love – Shake Shake Go
Sinner – Shaya Zamora
Arcade – Ducan Laurence
Atlantis – Seafret
Gasoline – Halsey
If We Have Each Other – Alec Benjamin
Because Of You – Kelly Clarkson
Hurt – Christina Aguilera
Like That – Bea Miller
Are You With Me – Nilu
I Think I'm In Love – Kat Dahlia
I Love You So – The Walters
Never Be Alone – Shawn Mendes
I Forgive You – Sia
Rise – Katy Perry

SOMMAIRE

Cœur entier

Cœur ébréché

Cœur brisé

Cœur pansé

Cœur réparé

*à toutes les personnes
qui ont eu, un jour,
le cœur brisé,
ou ébréché,
n'oubliez jamais
qu'il finira par se consolider
et devenir bien plus fort
qu'auparavant*

Coeur entier

Un cœur qui n'a connu aucun déboire

est le plus beau qui soit.

Il saura aimer de la plus belle des manières

intégralement et sans arrière-pensées.

Sa pureté est incontestable

et différenciable des cœurs meurtris,

brisés ou irrévocablement détruits.

Aimer à ce stade

vous donnera des ailes

et vous permettra de voler

très haut dans le ciel,

touchant de vos doigts

le soleil lumineux et illuminé,

celui de l'amour et de l'espoir.

Cupidon toque à ta porte
sans préambules ni futilités,
il te plante une flèche dans le cœur
et repart comme si de rien n'était,
alors que tu viens de t'enticher
de cette personne.
L'électricité entre vous
s'amuse de vous et
vous fait ressentir
qu'il est temps de vous assujettir
à cette relation
que Cupidon vous présente
comme un miracle,
une destinée.

Un premier contact et

tout ce qui se passe autour

est floue parce que

tout ce que je vois,

tout ce que je ressens,

c'est ta main enlacée à la mienne,

chaude et réconfortante,

qui caresse mes phalanges

du bout de tes doigts

doux et rassurants.

- premier rendez-vous

Des kilomètres nous séparent,
mais nous voyons la même étoile.

Malgré la distance qui nous sépare,
on est bien plus proches qu'on ne le croit.

Serait-ce l'amour que je te porte
qui rythme les battements de mon cœur ?

Tu es ma raison de vivre,
celle qui fait battre ma vie.

Mes valises en main,
je suis prête à te rejoindre.

- Aimer à distance

ton nez aquilin saupoudré

d'un grain de beauté

a attiré mon attention

comme un symbole

de ton être émerveillé

- Peut-on tomber amoureux d'une particularité ?

Je cherche une personne

avec qui regarder les étoiles.

La nuit sera notre moment

celui où l'on regarde

dans la même direction,

quand les autres regardent

la même télévision.

Mon cœur fond d'amour

quand j'arrive à faire plisser tes yeux

se cachant entièrement sous tes paupières

Mon cœur fond d'amour

quand ton grand sourire se dévoile

et que ton rire contagieux apparaît

- Indubitablement piqué(e)

J. J. KREMER

tu as fait chavirer mon cœur

de la plus belle des façons

Je n'ai pas les mots

pour décrire ce chef-d'œuvre ;

celui de tes yeux fixant

le soleil au zénith,

reflétant le bleu de ton regard

entre mer et ciel.

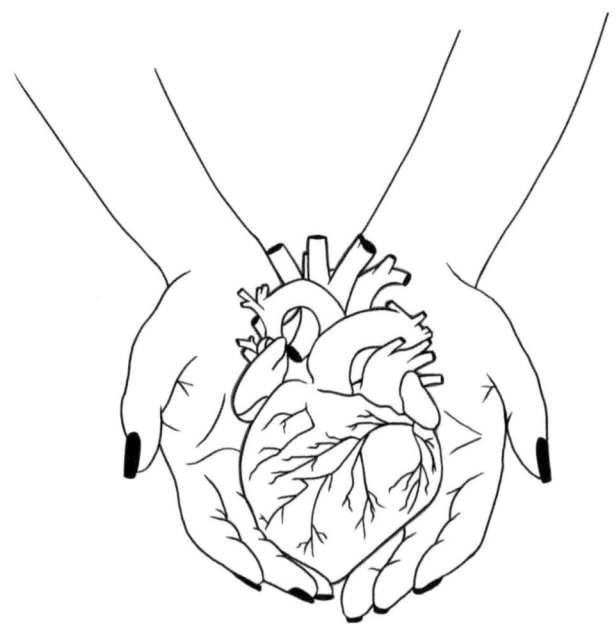

Mon cœur est entre tes paumes,
je l'y ai déposé
avec toute la douceur
que m'offre ton amour.
Alors, prends-en soin
parce qu'un simple accident
pourrait le détruire, à jamais.
N'oublie pas qu'il n'y aura
qu'un seul cœur
comme lui entre tes mains.

Je t'aime au-delà de tout ce que l'on peut imaginer

je te veux toi

je te veux avec moi

je veux ce *nous*

nous contre le reste du monde

nous créant notre petit cocon

notre petite famille

toi et moi

c'est ce que je veux

je n'arrive plus à lire de romances

parce que je pense sans cesse à la nôtre

Je t'ai vu dans mes rêves,

je t'ai vu arpenter ma tête

et t'installer dans mon cœur ;

pendant que mon ventre

se faisait à l'idée

de fondre sous ton charme

avec l'éclosion des papillons ;

et que mes jambes

parcourraient des milliers

de kilomètres

pour te voir,

enfin, en vrai.

                                             - Relation à distance

MON CŒUR S'EMBALLE
rien qu'en pensant à toi

je te veux à mes côtés

aujourd'hui

et pour l'éternité

je pense à toi ce soir
en voyant le ciel
illuminé d'étoiles,
j'imagine que ça te plairait
d'être à mes côtés
pour le contempler

penses-tu à moi, comme je pense à toi ?

Je savais déjà,
avant même de te voir
que je ressentais des choses
pour toi.

Les papillons qui flottent
dans mon ventre
n'en sont qu'une preuve
de plus.

Mon rythme cardiaque
s'emballant à tout va
n'est qu'un indice
de plus.

Mes pensées obnubilées
par ton existence
n'est que la confirmation
que c'est *toi*.

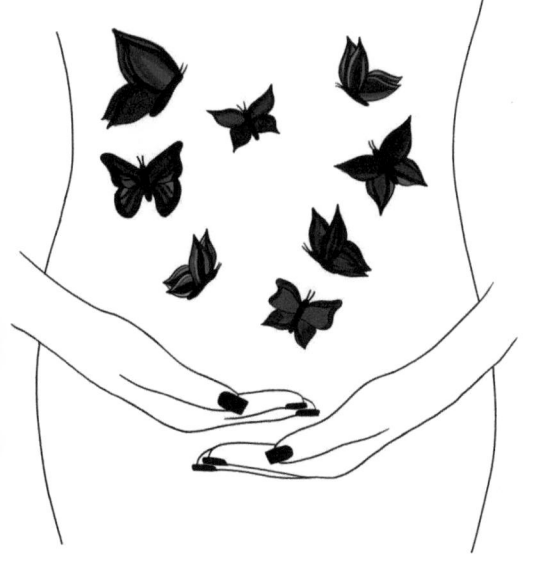

Pourquoi est-ce que des centaines

de kilomètres

nous séparent,

toi et moi,

mais que j'arrive,

tout de même,

à ne penser

qu'à toi ?

Je veux croire
en moi,
en nous,
à cette virgule dans ma vie,
jusqu'à ce que le temps
nous sépare.

L'amour est partout

        où l'on marche

                où l'on regarde

                        laissez-vous guider

                  par votre cœur

        et voyez

si c'est le bon choix

Si le monde doit se terminer aujourd'hui,

je veux que tu saches

que mon cœur t'appartient.

Je veux que tu saches

que mes pensées ne sont

que pour toi.

nos corps enlacés

appellent à l'abondance

d'amour

et de bienveillance

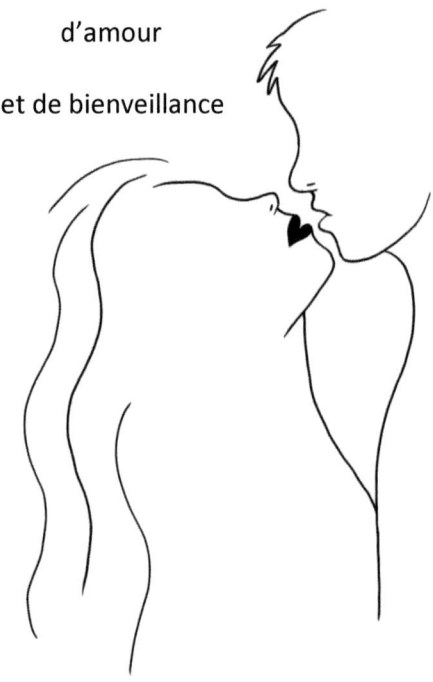

Tes yeux sont, pour moi,
la plus grande énigme
de l'univers qui soit.

Tes paupières s'ouvrent
sur des pupilles dilatées
mélangées à ce bleu marine
qui oscille avec la lumière.

Ils expriment
tes pensées,
ta tendresse
et tout ce dont
j'avais pu rêver.

Plonger dans tes yeux,
c'est comme plonger
dans un océan de béatitude
et me laisser bercer
par la vision de tes yeux,
par le doux son de ta voix.

                    - M'aurais-tu hypnotisée ?

tu hantes mes pensées

tu combles mon esprit

tu encenses mon âme

tu ravis mon corps

tu chavires mon cœur

Je gratte les cordes de ma guitare

en me laissant bercer

par la douce musique

de ton cœur qui bat.

Le rythme se compare

à celui qui me fait battre,

c'est la douce mélodie

de l'espoir et de la vie

qui reprennent en moi,

tout ça grâce à toi.

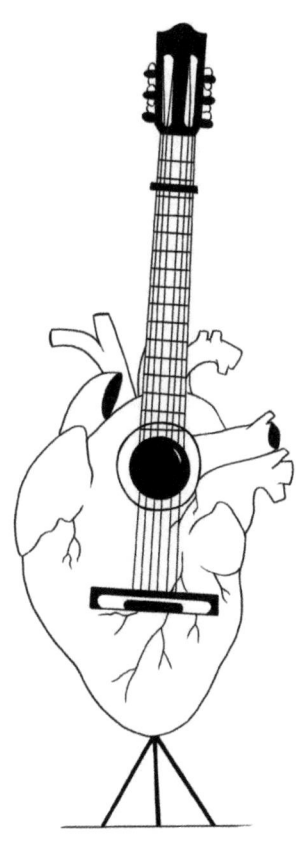

J'ai besoin de toi

comme l'Univers a besoin de l'énergie noire

comme le Soleil a besoin de la Lune

comme l'atmosphère a besoin du dioxygène

comme la nature a besoin de la pluie

comme le cœur a besoin du sang

comme le corps a besoin d'eau

comme les poumons ont besoin d'air

comme mes mains ont besoin des tiennes

comme mon souffle a besoin du tien

comme mes lèvres ont besoin des tiennes

Je fantasme sur tes bras veineux
comme une groupie devant sa star ;
autant sur tes mains fines et soignées
que sur ton sourire ou tes yeux bleus.
Sentir tes cheveux entre mes mains
me fait autant d'effet
que lorsque tu poses ta main sur ma cuisse
et que tu la caresses délicatement.
Je me consume un million de fois
juste sous ton toucher,
juste sous ton regard,
juste sous ton sourire,
juste sous ton charme,
juste sous toi.

J'ATTENDS TON MESSAGE
COMME ON ATTENDRAIT LE GRAAL

l'être humain veut aimer

comme il veut être aimé

quoi de plus naturel

que de vouloir être accepté

pour vivre heureux

et comblé ?

Coeur ébréché

Un cœur intact a la capacité

de facilement être blessé.

Un seul choc peut être suffisant

pour qu'il se fissure et

que la noirceur s'installe

en faisant douter

son logeur.

FAIRE LE DEUIL D'UNE RELATION

QUI N'A JAMAIS COMMENCÉ

EST, PARFOIS, PLUS DOULOUREUX

QUE FAIRE LE DEUIL D'UNE RELATION

QUI A RÉELLEMENT EXISTÉ.

Quand tu t'approches de moi,

        mon cœur fait des ratés

Quand tu me parles,

        mon sourire perdu renaît

Quand tu me fais rire,

        mes joues irritées des larmes

                rougissent de joie et d'espoir

des messages laissés sans réponses

des relances dans le silence

des appels manqués

des propos épargnés

un sentiment d'abandon

la sensation de trahison

des remises en question incessantes

- relation échouée

Comment peut-on dire aimer quelqu'un,
mais le laisser tomber à la moindre difficulté ?

J'ai attendu des années
avant d'offrir mon cœur
et ma confiance à nouveau.
Mais je n'ai sûrement pas
été bien inspirée,
puisqu'ils sont à nouveau
kidnappés par un être
qui ne veut plus de moi.

BRISEZ-MOI LE CŒUR, J'EN FERAI MES PLUS BEAUX POÈMES

ne me dis pas

                                             que je te manque,

car je sais

                                             que c'est faux

tes actes me prouvent

                                             le contraire

quand tes paroles

                                             se méprennent

L'amour nous fait faire des choses

démesurées,

incompréhensibles,

comme celle d'aimer

quand l'autre ne fait qu'utiliser,

comme le fait de pardonner

quand l'autre ne fait que recommencer,

comme le fait d'accepter

quand l'autre ne fait qu'argumenter.

Qu'y a-t-il de plus douloureux ?

Avoir vécu cet amour,

bien qu'il se soit terminé

ou ne pas l'avoir vécu

et ne pas avoir ressenti

cette douleur de séparation ?

Je sais que tu es pernicieux
vis-à-vis de ma personne.
Je sais que notre relation
n'augure rien de bon.
Je sais que nous allons
droit dans un mur,
et sûrement pas celui que j'ai érigé
depuis longtemps.
Parce que je t'ai déjà
tout donné de ma personne,
je t'ai donné tout ce que j'avais
de plus précieux
et que je gardais
comme preuve d'amour.
Autant te dire que
tu me rends aussi folle
que je suis folle de toi.

Je ne suis pas certaine

que quelqu'un a déjà été sincère

envers ses sentiments,

me concernant.

J'ai toujours eu l'impression,

au bout d'un certain temps,

que les gens se servaient de moi,

me contactant quand ils en avaient besoin,

m'appelant quand ils s'ennuyaient,

parce que, lorsque c'était dans le sens inverse,

je n'avais pas de réponse à mes appels,

je n'avais personne à (re)joindre quand je m'ennuyais.

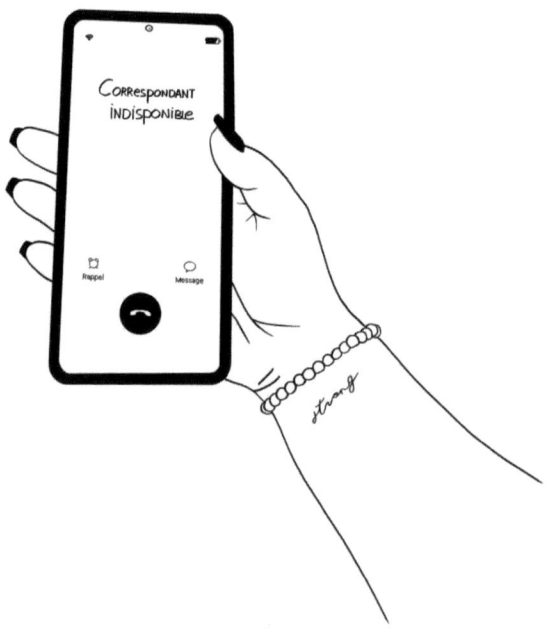

Dès lors que l'on tombe amoureux,

il n'y a pas d'assurance

pour nous porter secours.

Il faut s'assurer de choisir

la bonne personne

à qui faire confiance...

Mais choisit-on vraiment

de qui l'on tombe amoureux ?

Je rêve de toi, constamment,
comme si mon amour n'avait jamais cessé.

Dans mes rêves tu m'apparais,
dans la réalité tu disparais.

*Quand est-ce qu'on se reverra,
quand est-ce qu'on se retrouvera ?*

Nul doute qu'il ne s'agit de cet instant,
où je souhaite ta présence.

Il m'est impossible de ne pas penser à toi,
de ne pas me demander :

*Quand est-ce qu'on se reverra ?
Quand est-ce qu'on se retrouvera ?*

Je t'ai fait du mal,
pardonne-moi.

Le plus douloureux,

n'est pas d'avoir vécu

une relation qui s'est terminée.

Le plus douloureux,

c'est d'aimer encore cette personne,

mais ne plus pouvoir être avec elle.

Le plus douloureux,

c'est d'aimer encore passionnément

quand l'autre regarde déjà ailleurs.

Le plus douloureux,

c'est d'aimer, intégralement,

et tout simplement.

Par pitié,

ne me brise pas le cœur

car, contrairement,

à ce que l'on pourrait croire,

il n'est pas si solide

que ça.

je ne sais pas pourquoi

j'ai pleuré, le soir,

après t'avoir embrassé

peut-être est-ce dû

au trop-plein de sentiments

ou à la distance que tu as (*im*)posée

des bleus sur le corps

des larmes au bord des yeux

une sensation de trahison

un sentiment d'incompréhension

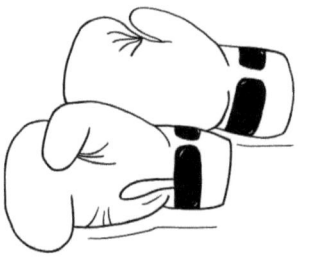

- une amitié forgée par le combat

Je ne demande qu'à sentir des bras
autour de moi.

Je ne demande qu'à aimer et
être aimée.

Est-ce trop demandé ?

lorsque je te vois

j'ai envie de te prendre

dans mes bras

ou de m'enfuir

en sens inverse

- *paradoxalement aimant*

À quoi servent
Les relations humaines
Si elles ne nous apportent
Que de la mélancolie,
Autant les jours de pluie
Que lorsque le soleil
Est au zénith ?

ton silence répond

à mes plus grandes

interrogations

nous concernant

quelle idiote

de croire encore

en l'espoir d'un *nous*

J'ai longtemps
cherché à comprendre
pourquoi j'attirais, sans cesse,
des mecs obscènes
qui cherchaient
à se servir de moi,
encore et toujours,
pour assouvir leurs besoins
des plus horripilants.
Qu'ils soient des amis, des collègues,
ou encore des inconnus
croisés dans la rue ;
tous ont voulu éteindre
la flamme qui vivait en moi
sans jamais l'atteindre.

Mais pourquoi n'est-elle plus aussi lumineuse et forte qu'auparavant ?

Je ne me suis pas préparée

au jour où je te perdrais,

pourtant j'aurais peut-être dû.

Ça m'aurait évité cette souffrance

qui me broie de l'intérieur.

Ça m'aurait évité ce sentiment

d'être la seule responsable

de notre chute en enfer.

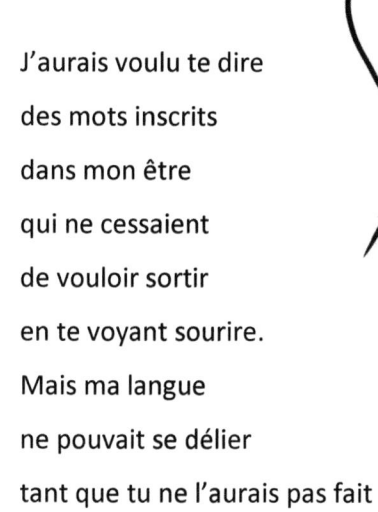

J'aurais voulu te dire
des mots inscrits
dans mon être
qui ne cessaient
de vouloir sortir
en te voyant sourire.
Mais ma langue
ne pouvait se délier
tant que tu ne l'aurais pas fait
en premier.

je voudrais entendre ta voix

te sentir auprès de moi

pouvoir toucher ton visage

qui hante mon rivage

entre la raison et la rage

mon désir flanche

entre t'aimer

ou te détester

Il y a des relations
qui évoluent rapidement,
puis qui disparaissent
presque aussitôt.
C'est comme offrir
le plus beau des cadeaux
et le reprendre
lorsque l'on a déchiré
l'emballage.
C'est une blessure
tellement profonde
qu'elle ne peut être comblée.
Elle sera toujours béante
et s'agrandit
avec le temps
et les expériences.

je pourrais pleurer
pour que l'on me serre
dans ses bras
juste une seconde
juste un instant
j'en ai tellement besoin
que ça me fait mal

- besoin de quelqu'un

Il y a comme un creux au fond de moi

qui ne demande qu'à être comblé

par ta présence et ton sourire,

qui font fondre mon cœur

à chaque fois que j'ai la chance

de te voir et de t'entendre.

                              Mon cœur se rappelle

                    ton sourire sincère qui se dévoile

                        quand je ris de ta blague

                    et je n'ai rien vu de plus beau

                            sur quelqu'un d'autre.

                        J'ai l'espoir que ce soit toi,

                            qui sois fait pour moi.

Ma tête se perd complètement

entre ton manque d'investissement

et ton attachement bien présent

Je ne sais plus où donner de la tête

Entre ce qui est vrai et ce qui ne l'est pas ?

Comment peut-on savoir ce qui est normal,

quand tout ce que l'on connaît

est aussi toxique qu'un poison ?

Tu es l'étoile scintillante
vers laquelle mon regard s'absente

S'attacher bien trop rapidement,

Quand l'autre n'en est qu'au début.

Être celle qui aime le plus,

Quand l'autre ne fait que l'effleurer.

Aimer à ne plus respirer,

Quand l'autre ne fait qu'aspirer.

Je voudrais que l'on m'aime,

Je voudrais que l'on se batte pour moi,

Je voudrais être la priorité de quelqu'un,

Je voudrais que l'on me voie vraiment,

Je voudrais être bien entourée,

Je voudrais juste des bras rassurants,

                                      autour de moi.

je ne t'ai jamais dit les mots

qui roulaient sur ma langue

quand nos discussions

m'imprégnaient de tendresse

et de douceur

face à ta gentillesse

parce que la peur

de te perdre

était plus forte

que le reste

- mais tu es parti quand même

Peut-être que j'ai besoin

que l'on m'aime

parce que je cherche

l'approbation

d'exister ?

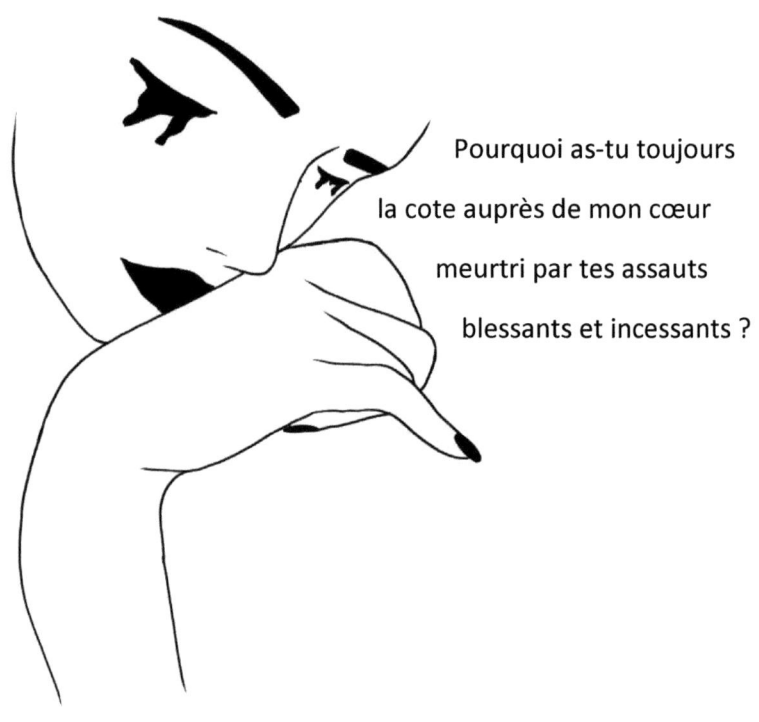

Pourquoi as-tu toujours
la cote auprès de mon cœur
meurtri par tes assauts
blessants et incessants ?

Les papillons dans le ventre
s'envolent et prennent
possession du cœur…
Celui du donneur.

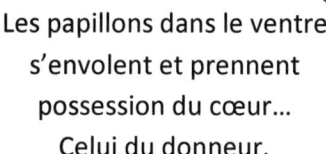

Ils lui offrent l'amour
sous la forme d'une multitude
de chenilles grandissantes
qui feront durer l'illusion
d'une relation
jusqu'à ce qu'elles disparaissent.

Parce que les chenilles
devenues papillons
ne vivent que le temps
d'une journée,
comme l'amour naissant,
naïf et plein d'espoir.

Comment ne pas penser à toi,

alors que tu envahis

chaque part de mon être

de mes pensées

à mon désir,

tu es partout

et nulle part à la fois ?

Tu es l'enfer de mon cœur
Et le paradis de mes rêves

aimer

à n'en plus aimer

Suis-je vraiment faite

pour être entourée,

avoir des relations,

communiquer ?

J'ai l'impression d'être

dans un monde sourd

de ma présence

de ma voix,

de mes besoins.

Je hurle dans le vide.

Je suffoque dans la foule.

On veut à tout prix connaître

cette sensation qu'est l'amour,

mais ce que l'on ne sait pas

c'est qu'il est difficile d'aimer.

Parce que l'on ne sait pas

ce que l'autre pense ou prévoit.

Parce que l'on ne sait pas

si l'autre est sincère ou artificiel.

Parce qu'on attend des réponses

qui ne viendront jamais

et on ne sait toujours rien.

Les feux d'artifice font leur effet,
Mais tu n'es déjà plus à mes côtés,
Où es-tu donc passé ?

Je n'oserais jamais
l'avouer à haute voix,
mais j'ai toujours espéré
que mon âme sœur
me trouve et me sauve
de la noirceur
dans laquelle
j'avançais.
Encore aujourd'hui,
je l'attends,
dans l'espoir de vivre
et de ne plus survivre,
mais quand doit-on arrêter
de croire au prince charmant ?

tu prends possession de

mes pensées

en plus d'accaparer

mon cœur

tu contrôles mon corps

et ses désirs

tu me rends folle

de toi

- et tout ça pour quoi ?

tu me fais autant de bien

que tu me fais du mal

J'ai envie de pleurer
lorsqu'il m'arrive
de penser à nous.

Trop d'émotions
me submergent
et je ne sais pas quoi
en faire.

Nous devrions être deux
à les supporter,
mais j'ai l'impression
d'être la seule
que ça concerne.

on ne vit qu'une infime période

sur une Terre qui tourne autour du Soleil

depuis des millénaires, pourtant

notre seul questionnement

est de savoir si on la trouvera,

cette personne qui nous donnera

l'envie de nous battre, de nous aimer,

cette personne qui nous donnera

des ailes pour voler, des mots pour aimer,

cette personne qui nous donnera

toutes les raisons du monde

de rester en vie et de grandir,

mais n'est-ce pas cette même personne

que nous voyons dans notre miroir ?

pourquoi un rapprochement

peut-il faire aussi mal

lorsqu'il se sépare

imperceptiblement

soudainement

indubitablement

mon cœur est né

avec un trouble

celui de s'attacher

et de s'enticher

dès le premier regard

comme si un lien

s'était créé

à partir d'iris croisés

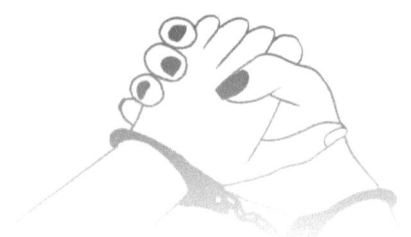

Je suis tombée amoureuse de l'amour,
de l'idée que je me faisais de l'amour,
de celle que je découvrais dans les livres,
mais sans jamais la vivre réellement.
Sauf que je préfère mille fois la vivre,
à travers autrui, que d'avoir à la subir.

N'est-ce pas triste ?

Je me contente
des petites miettes
que tu m'offres,
tel le Petit Poucet
lorsqu'il part
de chez lui.
Sauf que je sais
que je ne te trouverai pas
au bout du chemin,
car j'aurai déjà abandonné
bien loin de là ;
puisque, je sais,
que je mérite mieux,
comme *la baguette entière.*

Comment peut-on expliquer

la douleur de l'amour

mieux qu'Aristophane lui-même ?

Comment peut-on expliquer

la rupture amoureuse

mieux que l'acte d'Apollon lors du banquet ?

Mais peut-on réellement

trouver cette moitié

tel que le mythe de l'âme sœur

voudrait nous le faire croire ?

Ou sommes-nous condamnés

à errer dans les méandres

amoureux, sans jamais

toucher du doigt le bonheur ?

Ce n'est pas une vie

d'attendre un message,

un quelconque signe de vie,

en espérant que cette personne

soit toujours présente dans ta vie.

je souffre de ta présence

je souffre de ton absence

j'ai besoin de tes mains

j'ai besoin de ta voix

j'ai besoin de ton cœur

j'ai besoin de toi

Pourquoi ne m'a-t-on pas dit

que la romance dans les livres

n'avait rien à voir avec celle

de la vraie vie ?

Qu'il n'y avait ni mots doux,

ni messages de bon matin,

ni de jolies fleurs à profusion.

Mais qu'il s'agit plutôt

d'interrogations constantes,

de remises en question,

d'efforts à sens unique ?

- *mon cœur reste fermé*

Je suis fatiguée d'entamer de nouvelles relations

qui finissent toujours par être des déceptions,

qu'elles soient amicales ou amoureuses,

elles me poussent à me demander

si rester seule ne serait pas l'unique solution

pour éviter à mon âme de souffrir.

Je ne sais pas

ce que tu cherches avec moi,

je ne sais pas

si tu es vraiment intéressé par moi,

ou si tu veux juste

passer le temps avec moi.

Je ne sais pas

si c'est vraiment bien de continuer

comme on le fait,

 parce que ça ne me réussit pas.

J'ai l'impression d'être

une poussière sur ton chemin,

dont tu te moques éperdument.

Est-ce trop demander

que d'être traitée

comme je le mérite

telle que les livres

nous le décrivent ?

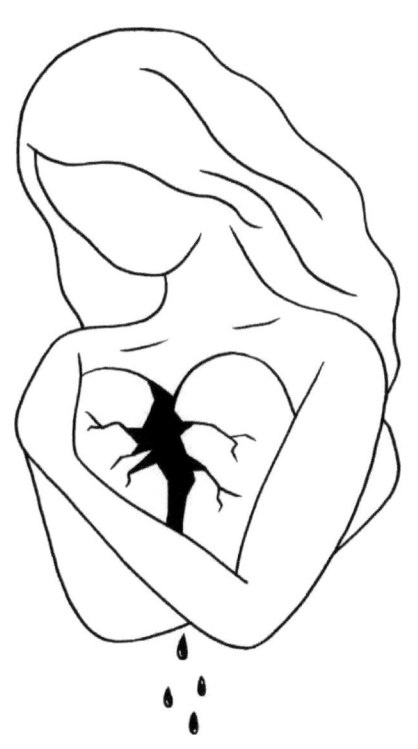

Il n'y a rien de plus dangereux

qu'un cœur brisé

en mille morceaux,

car il n'a plus rien à perdre.

Il a déjà tout perdu

dans un combat

d'amour et de haine,

où le cœur s'est retrouvé

bloqué au sol

par son adversaire

plus combatif que lui

l'achevant par un chaos.

La solitude,

c'est comme un trou béant

dans la poitrine ;

tel un trou noir

elle aspire tout ce qu'il y a autour,

les gens qui s'approchent,

notre âme y compris.

On se sent vide,

même quand la solitude disparaît,

parce que plus rien ne compte

que ce qu'il nous *manque.*

Les jours passent,

pourtant j'ai l'impression

que c'était encore hier

ce moment où tu me quittais

et me renvoyais

dans mon enfer

personnel.

Ça commence par de simples mots
lancés tels des poignards.
Ça évolue en regards meurtriers
comme si vous n'aviez rien à faire ici.
Ça grandit en menaces et intimidation
alors que vous n'avez rien demandé.
Les coups semblent pleuvoir
quand vous vous défendez.
Mais vous êtes acculés
de tous les côtés ;
si vous ne faites rien,
si vous ne dites rien.
Sauf qu'il n'y a aucun
remède miracle
pour se sortir de là,
à part crier
à l'aide.

- harcèlement scolaire

Lorsque nous ne sommes
que de jeunes enfants,
nous ne pensons
à rien d'autre
qu'à trouver quelqu'un
avec qui jouer.

Lorsque nous ne sommes
que des adolescents,
nous ne pensons
qu'à ce que les autres
penseront et verront
de nous.

Lorsque nous ne sommes
que de jeunes adultes,
nous ne pensons
qu'à trouver
des amis sincères
qui seront présents.

Lorsque nous ne sommes
que des adultes,
nous ne pensons
qu'à ces amitiés terminées
qui ne sont plus que poussières
le temps ayant fait son œuvre.

CHOISIS CEUX QUI TE DONNERONT

ENVIE DE VIVRE

PLUTÔT QUE CEUX QUI TE DONNERONT

ENVIE DE MOURIR

Les gens feignent trop souvent

de ne pas pouvoir être là

quand on en a besoin.

Alors que l'on sait

que c'est uniquement

un choix de leur part.

les non-dits
SONT PLUS DESTRUCTEURS
que les paroles

Tu m'as fait croire

que tu étais sincère,

que tu tenais à moi,

que tu étais quelqu'un de bien,

quand tu cherchais

simplement

à user de mon amour

pour te servir de moi

j'imagine une peine de cœur

comme des insectes

qui dévoreraient mon cœur

de l'intérieur

sans qu'il y ait

d'insecticide assez puissants

pour arrêter

ce malheur

Je me souviens de ce moment
où j'ai appris ta liaison
avec une autre que moi.

Je me souviens de ce moment
où tout le monde était au courant
sauf moi.

Je me souviens de ce moment
où j'ai décidé de ne pas pleurer
pour te donner une quelconque
importance.

Je me souviens de ce moment
où j'ai regretté de t'avoir connu
parce que tu avais réussi à briser
le peu de confiance
que j'avais en moi.

Je me souviens de ce moment
où j'ai décidé de ne plus donner mon cœur
parce que tu l'avais laissé tomber
comme ta promesse de m'aimer.

- Être cocue ou ne pas être cocue

Brise mon cœur,

fracasse-le,

fais ce que tu veux avec.

Parce que d'une manière

ou d'une autre,

il sera brisé

et déchiré en deux

à cause de toi.

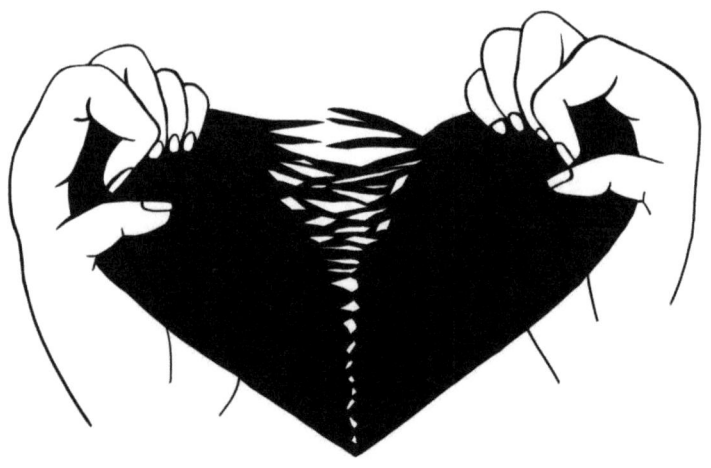

Offrir son cœur à quelqu'un

c'est lui offrir la possibilité

de vous prendre tout

ce que vous avez de plus précieux

se détacher de   tout sentiment

se détacher de   toute émotion

ravaler les larmes et les sanglots

et avancer sans crainte

pour ne plus avoir

le cœur

brisé

Il y a des *mots* qui nous touchent

profondément

Comme il y a des *maux* qui nous détruisent

perpétuellement

J'AI LE MAL D'AIMER

J. J. KREMER

encore une déception de plus

dans ce monde de brutes

qui effleure l'espoir

du bout des doigts

et l'emprisonne

de ses belles paroles

pour mieux le torturer

et le détruire jusqu'à la moelle

pour ne plus qu'il existe

j'ai l'impression d'être faite
pour rester seule
jusqu'à la fin de mes jours
ne trouvant aucunement ma place
dans ce monde où
huit milliards de personnes
se croisent sans se parler
se lancent des regards noirs
ou ignorants et qui sont
la seule communication
qu'ils s'autorisent
plus un seul sourire échangé
ou une entraide présente
rien que des murs érigés
entre chacun de nous
comment voulez-vous
trouver votre place ?

- *où est passée l'humanité ?*

Qui a dit que c'était merveilleux

de ressentir de l'amour

pour une personne ?

Je ne crois pas connaître

le même amour,

parce que je ne ressens

que du désespoir

et du désarroi.

une rencontre

qui chamboule **tout**

une rencontre

qui détruit **tout**

une rencontre

qui anéantit **tout**

J'aurais aimé pouvoir te dire

que tu n'es absolument rien pour moi,

que tu ne comptes pas vraiment,

que tu n'es en aucun cas important,

que je ne pense plus à toi,

mais ce serait te mentir

et m'installer dans un déni.

La confiance donnée,

entièrement,

délibérément,

croyant cela juste.

La confiance détruite

totalement,

indéniablement,

sans préambules.

J'aurais préféré ne jamais t'avoir rencontré
pour ne pas avoir à ressentir *ça*

du désespoir

du désarroi

de la culpabilité

de l'amour

à ne plus savoir

quoi en faire

Il y a ces personnes
qui entrent dans votre vie
et qui vous habituent
à leur présence quotidienne,
comme s'ils faisaient partie
de votre unique famille.

Ils vous disent ces choses
que vous rêviez d'entendre,
vous pensiez avoir trouvé
chaussure à votre pied ;

Puis, ils s'éloignent de vous,
subitement,
comme si vous aviez
commis un crime,
mais tout ce que vous avez fait,
c'est donner
votre amour, votre temps,
votre présence, votre amitié,
à la mauvaise personne.

Ce n'est pas vous le problème,
c'est *eux*.

— *les pervers narcissiques*

Écoute,

Entends-tu... ?

Mon cœur

qui bat ?

Non ?

Peut-être parce que tu l'as détruit ?

au fond de moi

je te hais

autant que je t'aime

Cette situation

me brise le cœur

se fissurant encore plus

et laissant apparaître

un désespoir notable

avec un goût amer

dans une bouche tordue

par la solitude...

                                          ...Ça signifie aussi,

                                          une fatigue de se battre

                                          et d'espérer encore et toujours

                                          quelque chose qui ne semble

                                          jamais pouvoir arriver.

J'ai le cœur en vrac

et la prochaine personne

qui passera me voir

pourra récupérer

autant de petits morceaux

de mon cœur brisé

dans un petit sac

Je pensais que tu étais la bonne,

cette personne qui resterait pour toujours,

cette personne qui serait à mes côtés

peu importent les épreuves à surmonter,

cette personne qui se battrait

pour mériter tout l'amour

que j'avais à engendrer,

cette personne qui me ressemblait

et qui semblait me comprendre,

cette personne qui m'aimerait

pour l'éternité.

Un jour de plus sans toi
me brise le cœur un millier de fois

Les amitiés sont éphémères
comme un arc-en-ciel un jour de pluie.

Quand il arrive,
il va illuminer notre vie,
raviver notre sourire,
souffler sur nos rêves,
pour qu'ils reprennent vie.

Mais un arc-en-ciel,
comme une amitié,
va disparaître aussi vite
qu'il est apparu.

Oh, illusion.

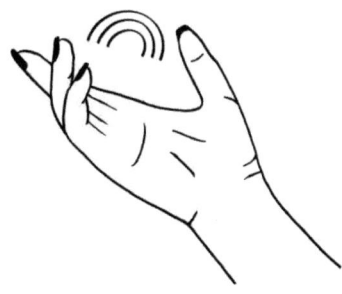

Je ne pensais pas me reconnaître
autant dans un poème que ce moment où
la pluie tambourinant contre la fenêtre
tu m'annonçais me quitter
en huit minutes précisément
la conversation la plus courte
que l'on ait eue jusque-là
l'orage éclatait dehors
les larmes faisaient écho au déluge
quand mon cœur se fracassait au sol
Verlaine a probablement vécu
la même scène déchirante
la poitrine envahie d'une douleur
que seul le temps a pu soulager

- Quelle est cette langueur qui pénètre mon cœur ?[1]

---

[1] Extrait du poème de Paul Verlaine, intitulé « Il pleure dans mon cœur ».

J'ai arrêté de croire en l'amour, à partir du moment où
j'ai ressenti cette déchirure dans ma poitrine.

Comment pourrais-je croire en quelque chose
qui ne fait plus écho à mon âme ?

Comment pourrais-je croire en l'amour
quand tout ce que j'ai connu n'a été que douleur ?

Car même les blessures de guerre, une fois pansées,
sont toujours aussi douloureuses.

Car ce n'est pas parce qu'on ne voit rien à l'extérieur,
que l'intérieur ne s'est pas fissuré en deux.

nos mains jointes
se séparent
nous laissant seuls
avec notre peine
et notre haine

tu te fous éperdument

de ce que je peux ressentir

je suis une roue de secours

dans le cas où tu ne trouverais

personne d'autre

tu te fous éperdument

que je sois folle amoureuse de toi

tout ce que tu veux, tu l'as déjà eu

ça ne rapporte rien de plus

de faire semblant

tu te fous éperdument

de m'envoyer au sixième dessous

tout ce que tu cherches

c'est à satisfaire tes besoins

combien d'amitiés

naissent

et disparaissent

laissant notre cœur

vide de sens

laissant notre tête

rempli de questions

*Pourquoi personne
ne m'aime réellement
qui étais-je
auparavant
pour que l'on me
déteste autant ?*

une énième peine de cœur

pour une bombe

à retardement

comme si cet organe

pouvait encore supporter

une détresse supplémentaire

un énième coup de couteau

quand ses fils sont sur le point

de lâcher et de s'effilocher

laissant place à la noirceur pure

à cette poudre explosive

aux dégâts incertains

- Mon cœur est une bombe à retardement

son emprise
me coupe le souffle
me paralyse
je suis incapable
de faire un geste de plus
de m'enfuir
ou d'appeler à l'aide
je suffoque
et je ne sais plus
comment faire
pour m'en sortir

- manipulation

Je te déteste de m'avoir fait perdre
des heures de mon temps
quand j'aurais pu les passer
avec la bonne personne.

Je te déteste de m'avoir fait perdre
toute la confiance que j'avais en moi
quand j'aurais pu l'accroître
et devenir la vraie moi.

Je te déteste d'avoir réalisé
mes plus grandes peurs
quand tu aurais dû les apaiser
d'un coup d'effaceur.

Je te déteste de m'avoir fait t'aimer
quand tu étais obsédé
par une autre que moi.

Je te déteste d'avoir ruiné
mes chances de partir
quand je devais penser à mon avenir.

Je te déteste de m'avoir fait sentir
exceptionnelle dans tes bras
quand je n'étais qu'ordinaire.

Je te déteste de m'avoir rappelé
que je ne pouvais croire en l'amour
quand je devais continuer à te détester.

Je te déteste
Pour tout ce que tu m'as fait
Faire

ton absence rend

mon cœur vide

d'espoir

ta disparition rend

mon cœur rempli

de désespoir

est-ce qu'un jour
je serais le premier choix
de quelqu'un ?

ou suis-je destinée
à être le second choix
encore et toujours ?

Il m'est impossible
de ne pas être touchée
par ton ignorance
marquante.

Il m'est impossible
de ne pas me demander
quel mal ai-je pu
causer ?

Il m'est impossible
de ne pas remettre
en question toute
mon existence.

Il m'est impossible
de ne pas courir
après des explications
sincères,

                                       — *pourquoi ?*

Je ne veux plus ressentir

ce désespoir.

Je veux que mon cœur soit blindé

pour que plus rien ne l'atteigne.

Je veux que mon cœur soit inatteignable

pour vivre sans être surprise.

Mais est-ce vraiment vivre ?

c'est fou

ce que l'on peut faire

par amour

accepter l'inconcevable

excuser l'irrecevable

pardonner l'intolérable

supporter l'insoutenable

c'est fou

ce que l'on peut faire

dans une *relation toxique*

tes mots sont comme

un couteau poignardant

mon cœur

devenu meurtri,

irrémédiablement détruit,

par cet assaut,

par ton acte,

par toi

Mon cœur est brisé

de mes actes passés,

qui ont détruit

notre belle amitié.

Amitié qui s'était transformée

quand nos mains s'étaient liées,

quand nos cœurs fusionnaient.

Je regrette de t'avoir oublié.

Je regrette de nous avoir sous-estimés.

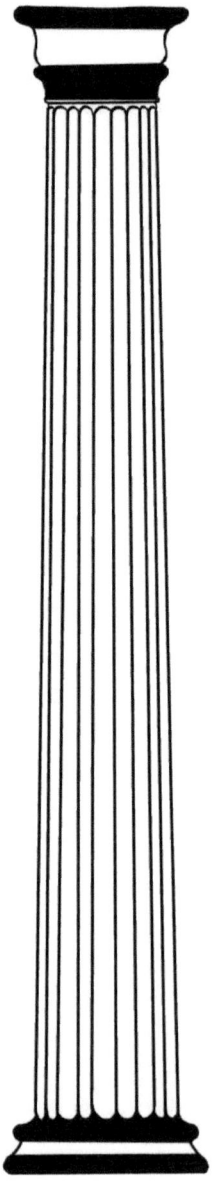

Je suis fatiguée

de tirer à bout de bras

une relation qui devrait

avoir deux fondations

quand elle n'en a qu'une

ébranlée par l'abandon.

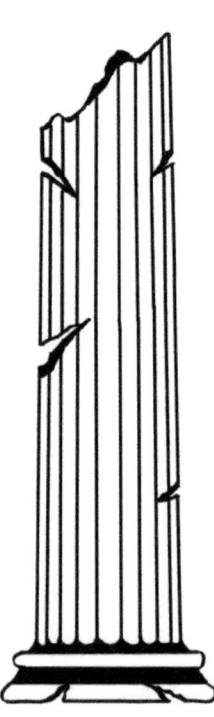

Je crains beaucoup de choses,
mais celle qui me terrifie le plus
c'est le jour où je devrai
te dire adieu.
Je n'aime pas les au revoir
et j'aime encore moins
le fait de te voir partir
sans moi

mon cœur est infecté

par ces assauts répétés

par tes paroles ébréchées

de véracités faussées

mes pensées sont polluées

par ton assiduité inventée

par tes actes mensongers

d'une diversité considérée

mon corps est contaminé

par ta présence empoisonnée

par tes gestes délibérés

d'une proximité forcée

se sentir seul(e) au monde
dans un univers rempli
de milliards de personnes

j'ai peur

celle qui vous murmure à l'oreille

que vous allez vous retrouver seule

la main dans le vide

cherchant désespérément

cette moitié qui était là

auparavant,

mais qui s'est enfuie

comme toutes les personnes

autour de moi

Dis-moi que je ne suis pas folle

Dis-moi que j'ai bien ressenti de l'amour

Dis-moi que je n'ai pas rêvé notre relation

Dis-moi que je n'ai pas espéré pour rien

Dis-moi qu'il y a encore une infime chance

                         que l'on recommence ?

offrir son cœur

offrir son âme

les récupérer

complètement cassés

essayer de les réparer

appeler le SAV

abandonner

et les jeter

Est-ce égoïste
De te vouloir auprès de moi ?
Est-ce égoïste
De souffrir en te voyant avec quelqu'un d'autre ?
Serai-je un jour en mesure
De te dire ce que je ressens ?
Serai-je un jour capable
De te dire mes sentiments ?
Parce qu'ils sont là,
Et tu les animes tous les jours
Depuis tellement de mois
Que ferais-je sans toi ?
Je ne pourrais vivre.
Tu animes mon être,
Mon âme, mon cœur,
Tu es la flamme de ma vie.
Tu me fais vivre.

Au creux de mon ventre,

je ressens l'écho de mon cœur

blessé et seul

dans cette cage thoracique

qui le compresse

et se fait se sentir

oppressée.

Il cherche un soutien

quelqu'un à aimer

pour réduire cette douleur

proéminente

qu'est l'amour

qu'il porte en lui

et qu'il ne peut donner

à autrui.

Je ne veux pas t'offrir

encore plus de larmes

que j'en ai déjà donné.

Ce serait te consacrer

encore plus d'importance

quand mon corps

essaye de t'oublier.

Il y a des peines de cœur

qui vont nous briser à petit feu.

Il y a des peines de cœur

qui vont nous briser à la fin.

Il y a des peines de cœur

qui vont arriver dès le début.

Mais peu importent

la durée, la longueur, la personne,

les peines de cœur ne durent pas.

Elles s'estompent avec le temps

et deviennent des cicatrices

seulement visibles

lorsqu'on s'approche de trop près.

Mon cœur a été brisé et dévasté

par un torrent qui porte ton nom

Mon cœur a été brûlé et torturé en enfer

par un dieu qui porte ton visage

Pourrai-je un jour voir le paradis

où mon cœur retrouvera

ses couleurs ?

Je n'ai pas décidé de t'aimer

Mais j'aurais aimé décider de te détester

Chacun de nos moments
passés ensemble me revient
comme un boomerang
dont on aurait oublié l'existence.

Parce qu'une fois notre relation lancée,
je ne pensais plus au retour de bâton.
Je ne pensais qu'à nos moments
qui ravivaient mon cœur d'espoir,
qui ravivaient mon âme de joie.

Parce que je pensais avoir trouvé
la meilleure partie de moi
dans une autre ombre que la mienne,
mais il s'avère que je me trompais
parce que tu m'as laissé
être assommée
par le boomerang
sur le chemin du retour.

Et naïve que je suis,
j'ai cru que tu l'arrêterais
quand tu l'as laissé m'atteindre
en plein cœur.

- Il y a un avant toi,
et il y a un après toi.

J'aurais préféré que tu sois mesquin,

lorsque tu m'as quittée ce soir-là.

J'aurais préféré te détester,

lorsque tu m'as dit ne plus m'aimer.

Au lieu de ça, je continue à t'aimer

et à espérer que ce ne soit qu'un cauchemar,

mais il semblerait que je n'arrive pas

à me réveiller.

Coeur pansé

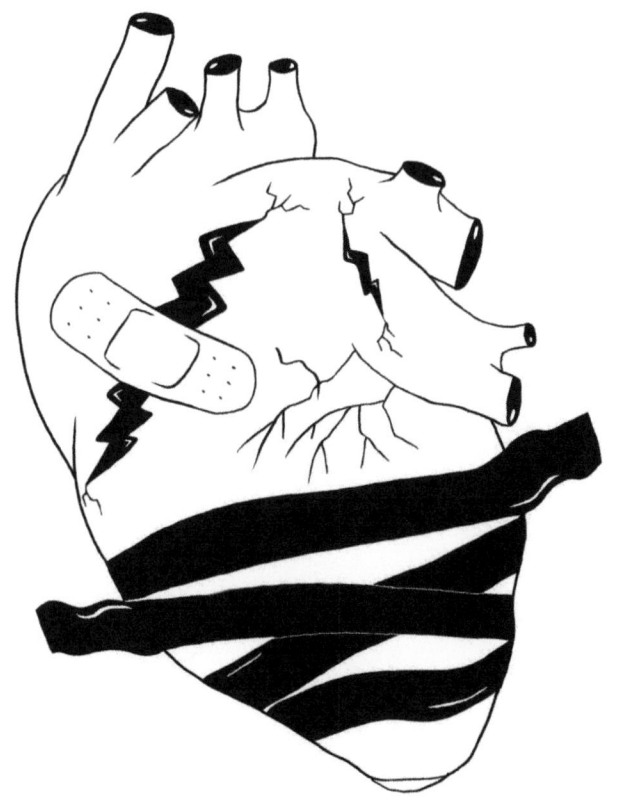

Un cœur qui a été détruit

est difficile à reconstruire.

Car, comme un vase brisé,

il y aura toujours des morceaux

qui ne pourront être retrouvés

et recollés à leur place.

Ces creux, vides de sens,

seront toujours présents

et représenteront

les blessures du passé

pour toujours

et à jamais.

J. J. KREMER

il est difficile de redonner

envie à quelqu'un

d'aimer à nouveau

quand on a été brisé

de l'intérieur

jusqu'à ne plus vouloir

aimer du tout

quitte à finir seul

pour toujours

Aimer quelqu'un,
c'est un peu comme un médicament.
On a peur de le prendre,
d'avoir des effets secondaires,
d'avoir encore plus mal qu'auparavant,
mais une fois qu'on l'a pris
on se sent bien mieux.
Comme si un vide était comblé,
comme si la douleur avait disparu.
Puis, au fil du temps,
vint le moment où le médicament
ne fait plus effet
et où le manque se fait ressentir ;
c'est à ce moment-là
qu'on a besoin de l'(a)voir à nouveau
pour se sentir apaisé
et bien mieux
un peu comme une drogue finalement

Une drogue qui s'appelle l'amour

Tu ne peux pas demander

à quelqu'un d'autre

de remplir le vide

qu'il y a en toi.

Tu ne peux pas demander

à quelqu'un d'autre

de t'aimer en retour

si tu ne t'aimes pas.

Tu ne peux pas demander

à quelqu'un d'autre

d'avoir confiance quand

toi-même tu ne le fais pas.

J'ai pris le risque
de t'offrir mon cœur
alors même que je savais
que tu ne serais pas à la hauteur.

J'ai pris le risque
de t'offrir ma confiance
alors même que je savais
que tu allais la briser.

J'ai pris le risque
de t'aimer entièrement
alors même que je savais
que tu ne le ferais pas en retour.

J'ai pris le risque
de te laisser entrer dans ma vie
alors même que je savais
que tu n'allais pas y rester.

J'ai pris le risque
de tout t'offrir en espérant
que ce serait suffisant,

mais on ne peut pas changer les gens
pour qu'ils conviennent à nos standards.
On peut simplement les laisser venir et repartir
sans laisser notre cœur en pâtir.

Avoir quelqu'un auprès de nous est un besoin, comme celui de manger ou de dormir, peu importe quel individu nous sommes. Seulement, ressentir cette nécessité nous fait nous poser beaucoup de questions, sur ces relations, sur ce lien amoureux. Qui ne s'est pas déjà demandé pourquoi avoir créé l'affection s'il doit nous pousser à endurer autant ? Et pourquoi l'amour ne pourrait-il pas nous offrir que le bonheur ? Nous souffrons un million de fois, dans une vie bien trop courte, alors pourquoi ne pourrait-on pas mériter d'aimer et d'être aimé sans difficulté ?

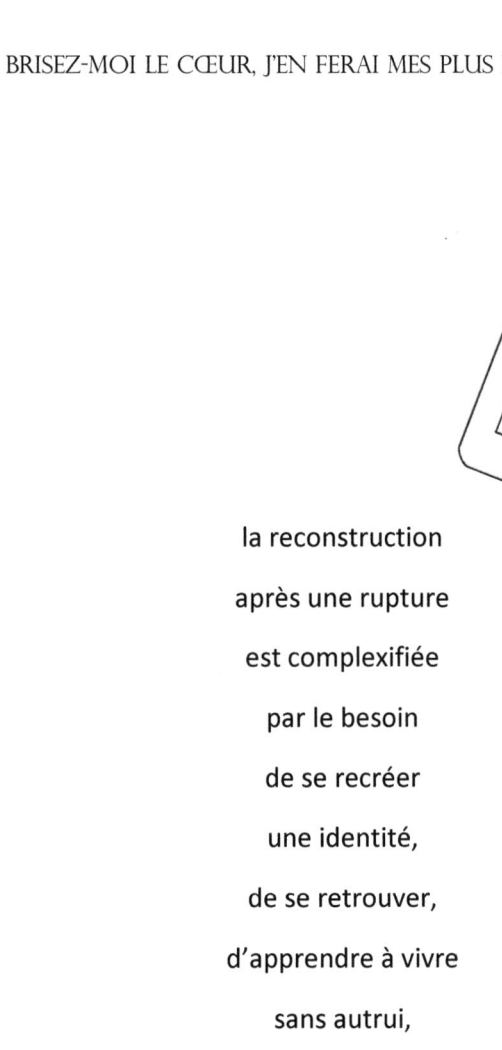

la reconstruction

après une rupture

est complexifiée

par le besoin

de se recréer

une identité,

de se retrouver,

d'apprendre à vivre

sans autrui,

sans quelqu'un

auprès de nous

J. J. KREMER

TU ES LA SEULE CHOSE
qui me fait espérer un avenir

J'ai envie que tu aies mal,

comme j'ai eu mal,

mais je sais que

je vaux mieux que ça

que je vaux mieux que toi

et que tes actes.

Avant toi,

et ce que tu m'as fait endurer,

je ne pensais pas à mal

d'une quelconque relation.

Je ne m'imaginais pas le pire,

je ne pensais pas que

tu réaliserais mes plus grandes craintes.

Pourtant, aujourd'hui,

j'ai du mal à accorder ma confiance.

Il m'est difficile d'offrir mon cœur

quand je sais, à présent,

quelle douleur on peut lui infliger.

J'ai peur que l'on me trompe ;

j'ai peur que l'on m'utilise ;

j'ai peur que l'on me mente ;

j'ai peur que l'on me manipule ;

comme tout ce que tu as pu faire.

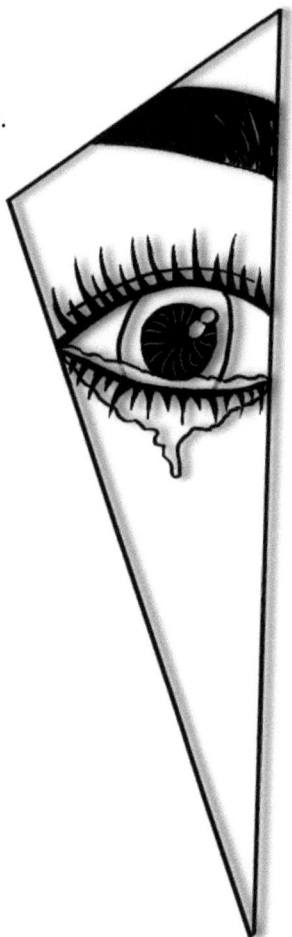

Pardonne-moi

de me perdre

entre toi et moi.

Je ne sais plus

comment faire

pour être avec quelqu'un.

Je ne sais plus

ce qu'il faut faire

ou ne pas faire.

Je suis perdue

entre le présent

et le passé.

> Vas-tu revenir ?

Tu me laisserais le faire ?

> Sans doute que non.

Mais tu espères quand même ?

> L'espoir est la seule source de motivation.

N'y a-t-il pas autre chose ?

> L'amour, encore et toujours.
>
> Lu à 12:47

j'avais oublié

que tomber amoureuse

pouvait faire aussi mal

ce n'est pas toujours

un bleu au genou

ou une contusion au front

ça peut être un cœur

brisé ou fissuré

même quand tout

semblait parfait

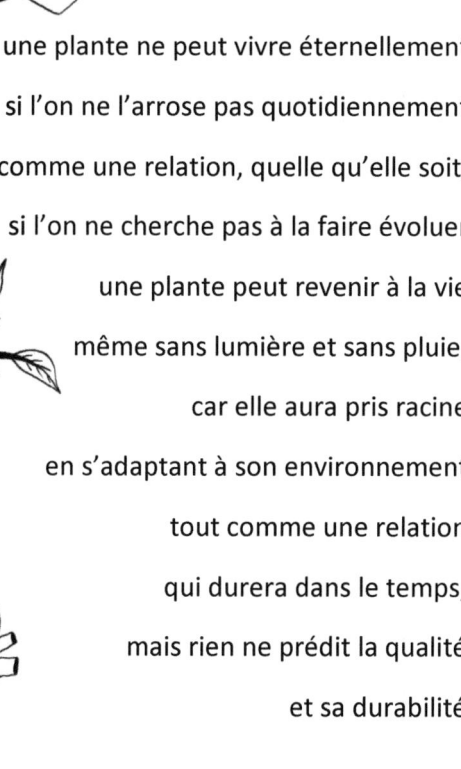

une plante ne peut vivre éternellement
si l'on ne l'arrose pas quotidiennement
tout comme une relation, quelle qu'elle soit,
si l'on ne cherche pas à la faire évoluer
une plante peut revenir à la vie
même sans lumière et sans pluie,
car elle aura pris racine
en s'adaptant à son environnement
tout comme une relation
qui durera dans le temps,
mais rien ne prédit la qualité
et sa durabilité

la vie m'a amenée à te rencontrer,

fortuitement, et sans le vouloir

elle t'a ouvert les portes de mon cœur

pour que tu t'y abrites et que tu t'y installes

trouvant un refuge dans mes bras

comme j'ai trouvé refuge

auprès de toi

TU ES LA LUMIÈRE
quand je suis l'obscurité

Il est difficile d'oublier ton existence
quand tu as fait partie de ma vie
pendant ce long laps de temps.

                                    Tu m'as sortie des ténèbres
                                            quand j'étais incapable
                                                  de voir la lumière.

Tu as fait fuir mes peurs
quand j'étais constamment
paralysée par elles.

                                Tu m'as fait croire en l'humanité
                                    quand je détestais devoir parler.

Tu m'as fait rire et sourire
quand je croyais ne plus
pouvoir le faire.

                                  Tu m'as fait cocher des cases
                                  de ma *bucketlist* quand j'étais
                                  incapable de le faire seule.

Tu m'as fait rêver par ton amour
quand je ne croyais même plus
à la définition de ce mot.

- oui, je garde de bons souvenirs de ce nous, que nous avions formé

Sentir tes lèvres

chaudes sur les miennes

me fait l'effet

d'une bombe dans mon cœur.

Elle explose et efface tout

sur son passage

du doute au désespoir,

elle les remplace par l'amour.

Parfois, je voudrais abandonner

et laisser tomber cet amour

qui me consume et me brûle,

puis je me rappelle

que l'amour est aussi beau

parce qu'il est difficile à avoir

et qu'il faut se battre

pour (a)voir ses plus belles parts.

Pardonne-moi
de ne pas savoir
comment réagir
quand tu me parles.
J'ai tellement eu l'habitude
de côtoyer quelqu'un
qui me rabaissait
dès que je disais quelque chose
que je ne sais plus m'exprimer
sans avoir peur d'être réprimée.

qu'ai-je fait

dans une vie antérieure

pour ne pas réussir

à trouver quelqu'un de bien

qui saura prendre soin de moi

qui saura apaiser mes peurs

qui m'aimera telle que je suis

qui ne va pas m'ignorer

qu'ai-je fait pour mériter *ça* ?

Si je mets un mur

entre toi et moi,

ne m'en veux pas,

c'est la peur

qui l'a construit.

Elle ne veut pas

revivre le passé

et être blessée.

Quitte-moi

avant que je ne sois trop

attachée à toi,

car je ne supporterai pas

une nouvelle séparation

déchirante.

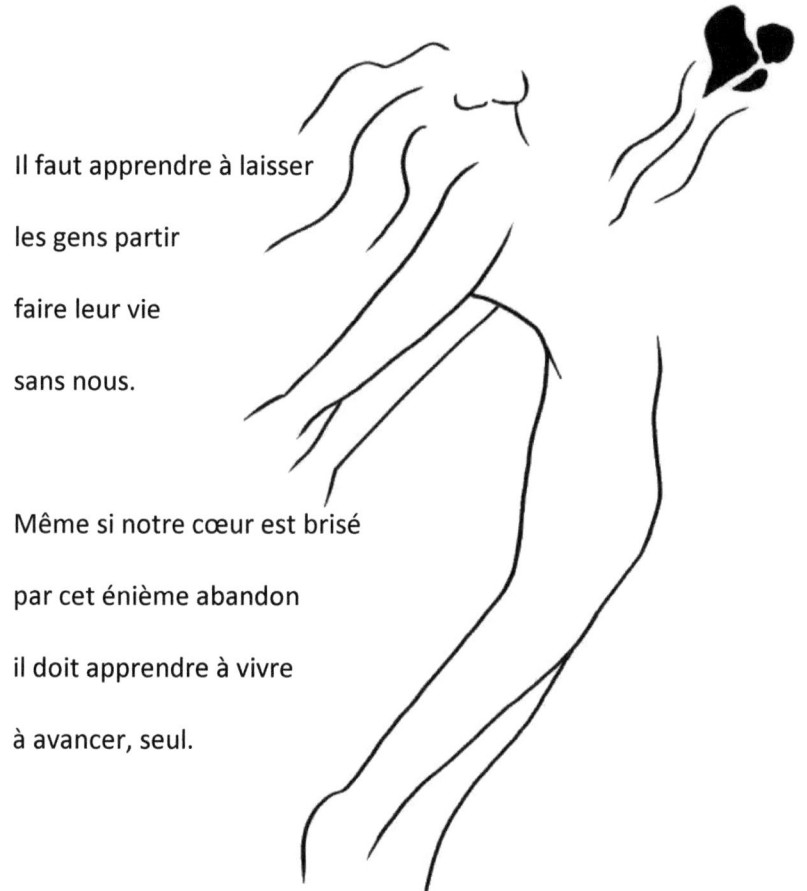

Il faut apprendre à laisser

les gens partir

faire leur vie

sans nous.

Même si notre cœur est brisé

par cet énième abandon

il doit apprendre à vivre

à avancer, seul.

J'étais paralysée
À l'idée que mes rêves se réalisent
Et que tu me regardes les yeux pétillants
Ta douce main caressant la mienne
Et tes lèvres s'approchant des miennes

J'étais paralysée
À tel point que je ne savais plus quoi faire
Hormis fixer un point et disparaître
Pour que mon être se remette

J'étais paralysée
J'étais là sans être vraiment là
Mon corps était présent
Mais ma tête était loin
Bien plus loin que tu te l'imagines

- *paniquer à l'idée d'être embrassée*

Je veux être l'évidence

celle que l'on attend toute une vie

celle qui ne fait aucun doute

celle qui nous comble entièrement

celle qui fait ressentir toutes ces choses

Je veux être cette relation rêvée

je serai pour toi

tout ce que tu voudras

et quand on se reverra

je serai là

Malgré ton impatience, sauras-tu être patient vis-à-vis de moi ?

n'avoir aucune nouvelle
de cette personne
qui trotte dans notre tête
se demander ce qu'on a fait
pour que cette personne
disparaisse subitement
se remettre en question
et revivre nos dernières conversations
jusqu'au moment où on s'est croisé
tout revisiter pour être sûr de n'avoir rien raté
regarder toutes les minutes
si elle ne nous a pas contacté
si elle ne nous a pas *laissé en vue*
se demander ce qu'elle fait
si elle pense à nous
comme on pense à elle
se rappeler qu'on est différent
et pas dépendant d'une personne,
mais vouloir une réponse, une attention,
pour être sûr que cette personne
est toujours là, dans notre vie
qu'elle n'a pas disparu
comme toutes les autres
les affiches encore placardées
dans notre cœur ébréché
par leur disparition

— *La dépendance affective*

Tu hantes mes rêves,

mon seul univers.

Tu hantes mes pensées,

ma boîte secrète.

Tu hantes mes nuits,

mes plus beaux souvenirs.

Devrais-je te le dire
ou m'abstenir ?

Devrais-je te le donner
ou le protéger ?

Es-tu celle que je cherche
ou n'es-tu qu'une illusion ?

Es-tu destinée à être à mes côtés
ou n'es-tu que de passage ?

si vous avez la chance

d'aimer et d'être aimé

profitez de chaque instant

que la vie vous offre

avec votre autre

ne vous souciez pas

d'un passé ou d'un futur

quand le présent

est déjà là

et vous tend les bras

J'ai envie de te voir,
j'ai envie de te sentir auprès de moi,
j'ai envie de t'entendre dire,
tous ces mots que j'ai toujours voulu
entendre sortir de ta bouche.

Âme sœur,

je te cherche,

je te vois,

je te fuis,

aide-moi,

âme sœur.

N'est-il pas temps

de se réunir,

de se retrouver,

et d'espérer

ensemble

contre le monde ?

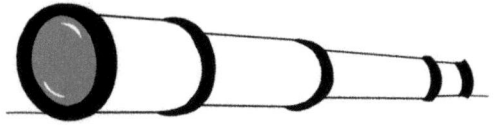

Tu fuis,

je te cours après.

Je fuis,

tu me cours après.

Quand pourrons-nous

nous retrouver

et courir

côte à côte

pour l'éternité ?

IL EST LE SOUFFLE QUI RAVIVE MES BRAISES

Il me manque cet être auprès de moi
*   qui me regarde et qui veille sur moi*

Le manque est un sentiment épineux.
Il est là pour nous rappeler
que tout n'est pas acquis,
que le bonheur n'est pas infini.
Il est là pour nous montrer
notre attachement certain.

Mais le manque est la chose
qui risque davantage de nous démolir.
Il s'incruste dans nos pensées,
en chuchotant des mensonges éhontés.
Il provoque le vide
tel un désarroi avide.

Le manque est une preuve
de notre affection, de notre passion,
mais il ne doit pas nous paralyser
ou nous pousser à tout gâcher,
car il n'y a rien de plus naturel
que de ressentir ce manque.

Comme un besoin
de sentir des bras
autour de moi.

Comme un besoin
de ressentir de l'espoir
autour de moi.

Comme un besoin
d'avoir quelqu'un
auprès de moi.

Il y a des personnes qui ont peur du noir,

certains ont peur du vide ou de l'eau,

mais moi j'ai peur de ce que je pourrais

ressentir envers toi.

J'ai peur des sentiments

qui pourraient naître

parce que mon cœur a été flagellé

tellement de fois

que je n'ose plus lui faire vivre

quoi que ce soit.

Mon cœur est perdu

dans un désert

où plus rien n'existe

que des illusions vaines.

PARDONNER OU RECULER

Je me souviens de ce moment où
Je ne voulais pas te pardonner
De m'avoir trompée.

Je me souviens de ce moment où
Mon coprs bloquait en m'imaginant
Dans une nouvelle relation.

Je me souviens de ce moment où
J'ai dû te recontacter afin de pouvoir
Avancer de mon côté.

Je me souviens de ce moment où
J'ai fini par te pardonner,
Mais sans jamais oublier.

Je me souviens de ce moment où
j'ai fini par pardonner à celle que j'étais,
pour que mon cœur, à nouveau, puisse aimer.

Il y a une différence entre
aimer véritablement
et aimer pour être aimé.
Comment peut-on laisser
quelqu'un s'en aller
quand on ne pense qu'à nous ?
Aimer, c'est apprendre
à ne pas être égoïste
et à laisser partir
ceux pour qui
ce n'est plus possible,
même si c'est douloureux
ou contraire
à ce que l'on voudrait.

- Il est temps de lui dire au revoir

Quand est-ce qu'ils comprendront

que je ne suis pas un second choix ?

Quand est-ce qu'ils comprendront

que je vaux bien plus que ça ?

Je n'ai pas à être dans ta liste

parce que je devrais être

la seule, l'unique,

personne que tu voudrais

auprès de toi.

Lorsque l'on a connu
que des désillusions
amoureuses,
il est difficile de vouloir
se replonger dans un lien
comme celui-ci.
On va tout comparer,
on va tout analyser,
pour être certain
de ne pas tomber
dans les anciens travers,
quitte à s'autosaboter.

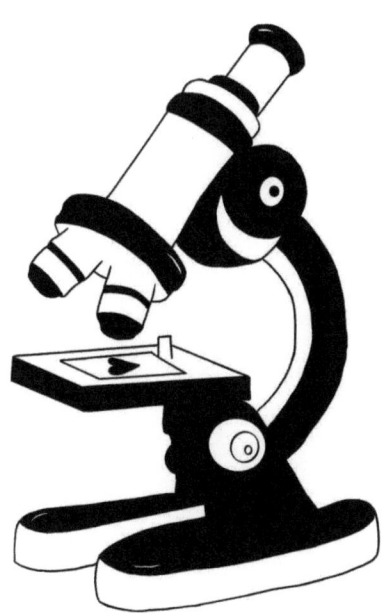

Attendre d'être rassurée

continuellement

Par peur d'être abandonnée

habituellement

Entendre ces mots

assurément

Pour aller de l'avant

évidemment

Je regrette d'avoir donné

autant de ma personne

dans des relations

qui n'étaient qu'à

sens unique

- pourtant le panneau était bien là

j'ai peur de finir seule

parce que j'aurai tellement aimé

que mon cœur ne pourra plus supporter

une nouvelle relation humaine

quelle qu'elle soit

Une relation amoureuse
est censée être
inoffensive,
sécuritaire,
loin d'un calvaire.
Pourtant,
j'ai rencontré
un cauchemar
vivant, réalisant
tous les plus grands
effrois de l'amour.

Tu es comme une bouffée d'air frais,
il m'est impossible de ne pas avoir besoin de toi
pour vivre un jour après l'autre,
pour mettre un pied devant l'autre.
Tu m'apportes la force nécessaire
qu'il me manquait
pour respirer à nouveau.

L'ÂME PURE

La vie t'a pris à nous,
Une immense cruauté,
Mes larmes coulent toujours,
Par le cœur arraché.

Pas t'avoir vu ce jour,
Tel l'ange accaparé,
Par les cieux en route,
Pour venir te chercher.

Je regrette le temps où,
La terre a su rappeler,
Au paradis toujours,
L'âme brillante que tu es.

Parmi le ciel étoilé,
Nous voyons les contours,
Ton visage apaisé,
Me rassure à mon tour.

L'apaisement malgré tout,
Car je sais où tu es,
Entourée par l'amour,
Car la paix t'a trouvée.

Tu ne m'as peut-être pas offert ton amour

mais tu m'as offert l'inspiration

depuis que l'on s'est vu
pour la dernière fois,
un creux s'est formé
dans mon estomac
je ne pensais pas
que tu me manquerais autant
que je ressentirais autant ce vide
intergalactique
comme si tu avais pris
une part de moi
avec toi, dans tes bagages,
et que tu l'avais emportée
bien loin de moi

- quand reviendras-tu ?

ta peau piquante contre la mienne
a su réveiller des sensations
endormies par l'absence
et la supplique d'une nouvelle
vague se fait entendre

l'une des plus belles

preuves de mon amour

c'est bien celle de t'avoir

permis de me découvrir

sous toutes mes failles

de mes larmes à mes rires

de mes plus grandes joies

à mes plus grandes peines

de mes plus grandes peurs

à mes plus beaux souvenirs

- que pourrais-je t'offrir de plus ?

L'amour ne s'arrête pas

à une déception.

L'amour n'a ni frontière,

ni couleur, ni genre.

L'amour sonne à toutes les portes

qu'elles soient ouvertes, prêtes,

ou fermées, refermées sur elles-mêmes.

L'amour sait quand il est temps

de sortir défiler dans la rue

par temps de pluie

ou par le soleil au zénith.

Il trouvera ce qu'il cherche

au moment le plus propice.

Il faut être patient

pour voir sa beauté

se refléter dans le judas.

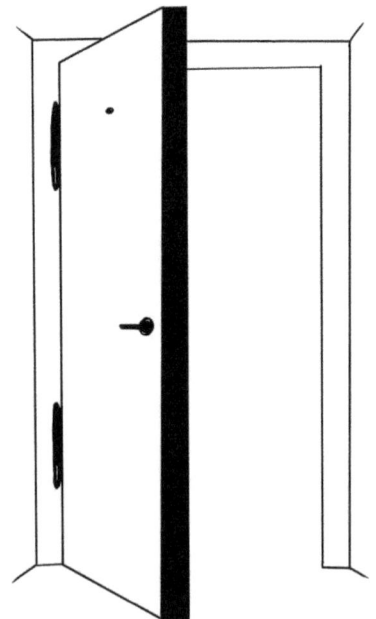

Comment les autres font-ils
pour trouver chaussure à leur pied
et garder cette même paire
pendant des années ?
Quand moi-même
je n'arrive pas à trouver
ce que je recherche,
malgré les nombreux magasins
et chaussures que j'ai pu essayer
au fil des années.
Et quand bien même
j'arrive à trouver une paire
qui me sied à merveille,
elle décide de me lâcher,
avant même que je n'aie pu profiter
du bonheur de marcher avec elle.

Coeur répavé

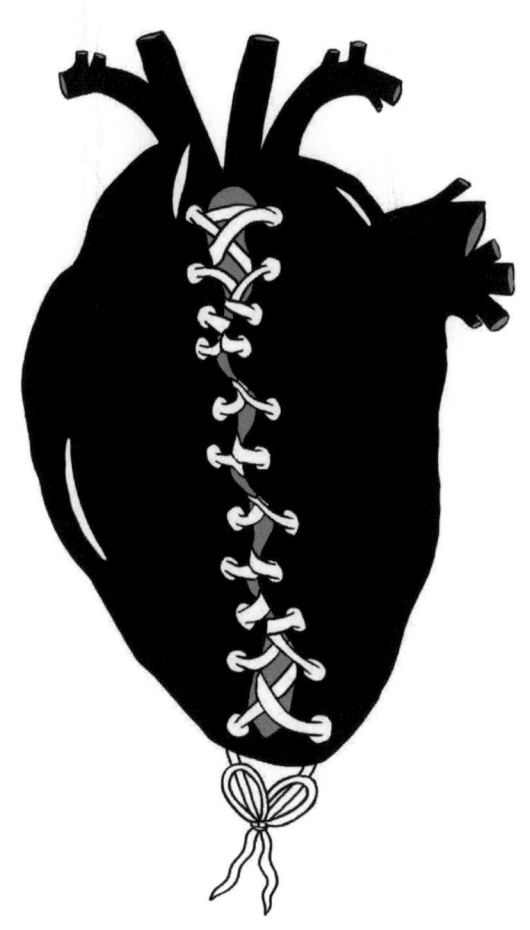

Un cœur qui a été détruit,

telle une boule de démolition

face à un mur de brique,

peut toujours être réparé.

Il lui faudra du temps

beaucoup de patience,

d'enduit et d'amour,

mais il finira par se reconstruire.

Il deviendra bien plus fort,

et bien moins fragile,

qu'auparavant

tout en gardant

ses mêmes fondations.

Je ne veux pas être un second choix,

je veux être le personnage principal

et pas seulement de mon histoire.

Je veux que l'on me choisisse

parce que l'on m'aime,

parce que je suis l'évidence même,

et non comme un dernier choix.

ne vaut-il pas mieux

être traitée telle une reine

qu'être traitée telle

la bouffonne du roi

vous ne croyez pas ?

un cœur se brise, puis il grandit,

mais les fissures qui n'ont pas été réparées

sont toujours présentes et nous hantent

jusqu'à ce qu'il lâche prise et s'émiette

pour finir par ne plus ressembler à un cœur qui bat,

mais à un cœur en sursis

jusqu'au jour où il se répare, de lui-même,

ou par l'intervention d'un être cher

une fois entier, il pourra aimer

plus fort, plus beau, plus passionnel

qu'auparavant

un cœur brisé puis recollé

n'est pas un cœur détruit pour toujours

c'est un des cœurs les plus vaillants

que la terre aura portés

*passer du temps
avec son copain
devrait être
remboursé par la sécurité sociale
puisque c'est le meilleur
antidépresseur qui existe*

J'ai appris à m'aimer

telle que je suis aujourd'hui

car la personne passée

n'est plus ce qu'elle était.

Enterrée dans le passé,

elle ne répond plus,

aux appels manqués,

aux messages laissés en vu.

Elle apprend à se respecter

et à vouloir l'excellence.

Quand je suis avec toi,

l'obscurité s'en va.

Quand je suis avec toi,

les voix dans ma tête se taisent.

Quand je suis avec toi,

je reprends enfin mon souffle.

Je voulais quitter ma vie

et partir loin d'ici,

jusqu'à ce que je te rencontre

et que ton âme

enveloppe la mienne

pour ne former qu'un,

à tout jamais.

Chacun de nos petits moments
est le plus précieux à mes yeux ;
ils peuvent ne durer qu'une minute
où même plus d'une heure,
ils apportent toujours
du baume à mon cœur
une crème que je n'avais plus
utilisée depuis longtemps :
celle du bonheur.

Chacun de nos petits moments
m'apporte bonheur et joie
rien qu'en te voyant au loin,
ton énergie est similaire
à celle du soleil brillant
et elle m'éblouit dans un monde
où l'obscurité m'appelle.

Chacun de nos petits moments
me donne la force de continuer,
celle que je ne pensais plus retrouver,
celle dont je ne pensais pas avoir besoin,
pour avancer, pour me battre,
et pour croire en l'avenir,
en cette vie entre nous.

aucun mot ne saurait décrire

ce que je ressens

en te voyant

ce que je m'imagine

vivre avec toi

ce que je voudrais réaliser

à tes côtés

ce que je pense

quand tu me souris

je n'ai pas les mots

pour expliquer ce que je ressens

pour toi

TU AS RAVIVÉ MA VIE
ma flamme de vivre

Il fut un temps
Où je ne pensais pas retrouver
Quelque chose d'aussi beau,
D'aussi fort et bienveillant,
Que notre relation.

       Il fut un temps
    Où j'étais incapable de faire confiance,
      De me dévoiler entièrement
       Ne serait-ce qu'un sourire.

Il fut un temps
Où j'avais abandonné l'idée
De pouvoir aimer à nouveau
Et d'être aimée en retour.

       Il fut un temps
    Où je me demandais si Cupidon
      Ne s'était pas perdu
     Entre toutes ses âmes
    Parce que je ne tombais que
       Sur mon contraire.

Il fut un temps
Où je m'imaginais être auprès de toi
Mais je n'aurais pu imaginer
Un tel bonheur à tes côtés.

Je suis en(...)vie quand je suis avec toi

après avoir été dégoûtée de l'amour

j'aimerais finalement être aimée

et j'ai l'impression

qu'il n'y a que toi

qui peux combler *ce désir*

c'est la première fois

que je ressens ces sensations

ce sentiment d'avoir trouvé ma place

au creux de ses bras

ce sentiment de l'avoir toujours connu

lorsqu'il est auprès de moi

ce sentiment de respirer enfin

après avoir retenu mon souffle si longtemps

il est comme une évidence

et elle me permet de vivre

quand je ne faisais que rester en vie

je me trompais

lorsque je pensais être amoureuse

parce que le vrai amour

ce n'était pas ce que je vivais avec lui

parce que le vrai amour

c'est celui qui te retourne la tête

c'est celui qui te fait sentir en vie

comme tu ne l'as jamais été

c'est celui qui fait défiler les heures

sans que tu n'aies vu passer une minute

parce que le vrai amour

c'est ce que l'on partage

parce que c'est toi

si l'évidence devait porter un nom,

ce serait le tien

J'ai toujours pensé
que tout être pouvait être aimé,
que tout être méritait d'être aimé.
Pourquoi le genre d'une personne
devrait définir notre amour ?
Un cœur ne choisit pas
l'être qu'il va aimer,
il ne va pas décider
si c'est bien ou mal
de l'aimer.
Il va juste le faire
et patienter jusqu'à
ce que leurs âmes fusionnent
pour vivre la plus belle
des histoires d'amour.

- pansexuelle

On pense que l'amour

est aussi éphémère

qu'un rêve au réveil.

Jusqu'à ce qu'on découvre

que l'amour est aussi vrai

qu'un cœur qui bat.

Ses paroles font écho en moi
et parlent à mon cœur malade
rapiéçant chaque centimètre
carré de mon être brisé
par une aiguille aiguisée
de ses mots répétés
d'une sensibilité marquée
véritablement nées
de son amitié

J'y crois,

je crois en ce fil rouge
qui retrace notre destinée
pour nous amener
ces flammes jumelles ;
signe d'un amour assigné.
Il peut dévier, s'emmêler,
mais le départ et l'arrivée
ne bougeront jamais.
Je m'imagine ce fil
entre toi et moi
parce que j'ai, enfin, l'impression
d'avoir trouvé ma moitié.

*Aimer n'arrive pas qu'une seule fois
dans une vie,
mais bien un milliard de fois.*

*Ne te focalise pas
sur ce qui a été,
mais sur ce qui va venir.*

*Parce qu'après tout,
le soleil revient toujours
même après l'orage.*

*N'est-ce pas à ce moment-là
que les plus beaux arcs-en-ciel
fleurissent ?*

Lorsque je suis avec toi,

le temps me semble outrageusement court.

Lorsque je suis sans toi,

le temps me semble affreusement long.

Il me tarde, à chaque fois,

de pouvoir te retrouver

et de combattre le temps

dans tes bras.

à chaque fois que nos regards se croisent,

j'ai l'impression de vivre un peu plus encore une fois

le cœur battant la chamade

quand je suis avec toi
plus rien d'autre ne compte
même pas le temps qui passe,
car il n'y a que toi que je vois
tu fais défiler l'aiguille
tu me rends le sourire
tu réchauffes mon cœur froid
tu réveilles les papillons endormis
tu me redonnes vie par ton sourire
par tes petites rides quand tu ris
par tes mains douces sur ma cuisse
par tes lèvres chaudes sur les miennes
par ta barbe sous mes doigts
par tes mots doux à mes oreilles
plus rien d'autre ne compte
que toi à ce moment-là

Ma tête dans un brouillard
comme après une cuite au réveil
pourtant, aucune drogue
ne s'est approchée de mon corps
outre tes lèvres chaudes
sur les miennes
outre ton parfum imprégnant
mes narines
outre tes mains calleuses
sur ma peau
outre tes murmures
à mes oreilles
outre ton regard perçant
sur moi

J. J. KREMER

Je te veux à mes côtés,
je veux te sentir près de moi,
je veux tout sentir de toi,
je veux tout connaître de toi,
de tes plus brèves fissures
à celles qui ont laissé des cicatrices.

Je veux connaître chaque signification
derrière chacune de tes ridules.

Je veux être celle qui fera naître
ce sourire qui te fait plisser les yeux.

Je veux être celle qui te fera rire
par mes plus belles blagues.

Je veux être celle vers qui tu te tournes
quand tu as besoin de parler
ou juste d'être accompagné.

Je veux être celle avec qui tu voudras jouer
aux jeux vidéo les plus improbables.

Je veux être celle avec qui tu voudras
découvrir le monde lors de voyages.

Je veux être celle avec qui tu voudras faire
toutes les activités possibles et imaginables.

Je veux être celle qui fera battre ton cœur plus vite.

Je veux être celle qui te fera oublier toutes les autres.

Je veux être ton *évidence*

quelques mots peuvent réparer

un cœur détruit en milliers de morceaux ;

juste par de simples lettres

posées les unes à côté des autres

formant une phrase aussi importante

qu'elle réussit à faire rebattre

un organe tel que le cœur,

autrefois démoli,

et le rafistole de la plus belle des façons

grâce à un amour exhalé

Je me souviens de ces premières fois

Où nos regards se croisaient

Et que l'on se souriait

Sans pour autant se dire un mot

Je me souviens de ces premières fois

Où nos premiers mots

L'une envers l'autre

Étaient les plus brèves banalités

Je me souviens de ces premières fois

Où entre sympathie et sourire

Se sont formés les premiers rires

Je me souviens de ces premières fois

Où nos contacts étaient devenus

Des habitudes que l'on voulait garder

Faisant naître une amitié

Je me souviens de ces premières fois

Où tu ne voulais pas d'une photo avec moi

Mais où j'avais réussi à fendre ta carapace

Je me souviens de ces premières fois

Où tu m'invitais chez toi

Et je découvrais une nouvelle partie de toi

Je me souviens de ces premières fois

Où nos discussions ne tarissaient pas

Toujours à discuter ou à se marrer

Je me souviens de ces premières fois

Où je t'ai considérée comme la meilleure

Personne autour de moi

Je me souviens qu'on a débuté

la plus belle des amitiés

il y a bien des années

et que c'est ma plus grande fierté

- *à ma meilleure amie*

Tu es ma lumière au bout du tunnel

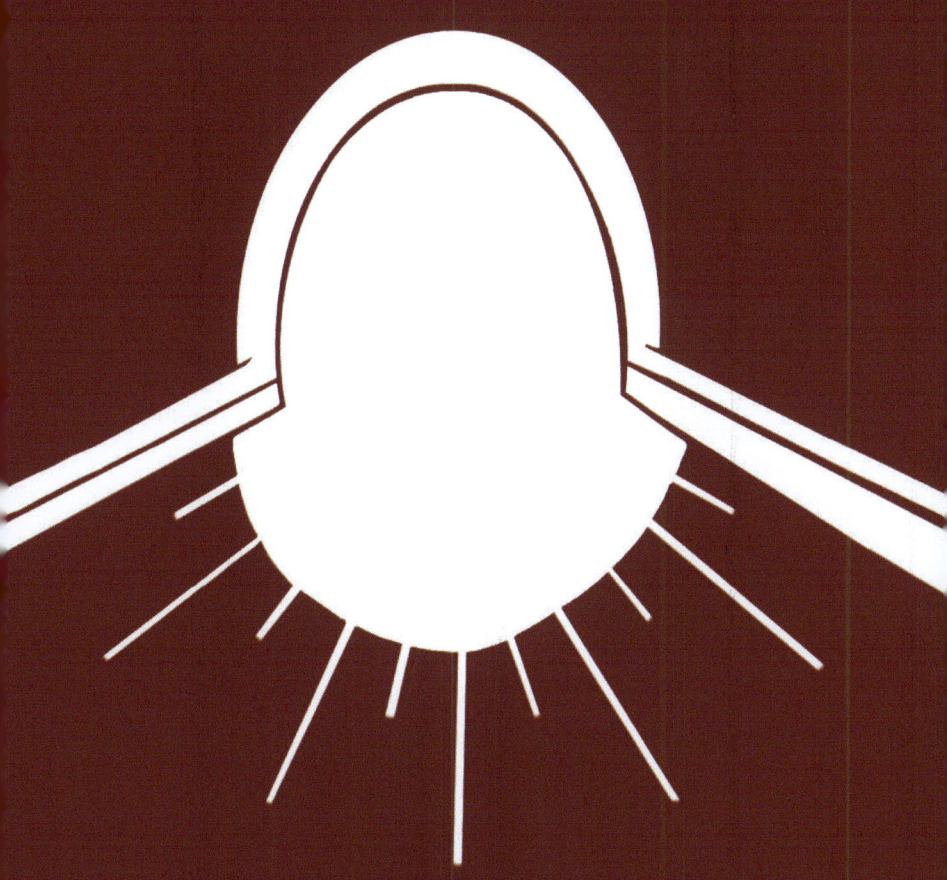

tu me fais croire en un avenir
auquel je ne croyais plus
celui d'être entouré
par une personne aimée
où le but commun
est d'avancer
le plus loin,
s'élevant ensemble
main dans la main

CHAQUE MINUTE QUE L'ON PASSE ENSEMBLE
EST UNE MINUTE DE PLUS OÙ JE ME SENS (RE)VIVRE

des regards qui s'échangent

des mots qui subliment

des mains qui se frôlent

des bouches qui se touchent

des cœurs qui s'animent

ils font naître les papillons,

le besoin, l'envie,

l'empressement et le désir.

ils font naître l'espoir,

le doute et la déception

mais avant tout,

l'amour fait vivre et survivre

J. J. KREMER

Je préfère m'endormir dans tes bras
plutôt que dans mes draps

BRISEZ-MOI LE CŒUR, J'EN FERAI MES PLUS BEAUX POÈMES

Si tu voyais à travers mon regard,

tu te verrais entouré d'étoiles,

car c'est comme ça que je te vois

brillant de toutes flammes,

par ta présence sans failles

qui réchauffe mon cœur

brisé et recollé tellement de fois

Tu es la flamme qui ravive mon âme

Et qui la fait briller dans l'âtre

Avant toi,
je ne voyais que l'obscurité
autour de moi.

Avant toi,
je ne savais pas si j'allais
aimer à nouveau.

Avant toi,
je me sentais infiniment seule
jusqu'à te voir.

Je ne sais pas ce que nous sommes,
je ne sais pas où ça va nous mener,
je ne sais pas si notre relation,
quelle qu'elle soit, va durer.
Ce dont je suis certaine,
c'est que la vie est bien trop courte
pour se soucier de ce que
l'on ne peut pas contrôler.
Tant que tu m'aimes
et que je t'aime,
je veux profiter de la vie
à tes côtés
et prendre tout le temps
que le destin nous donnera.

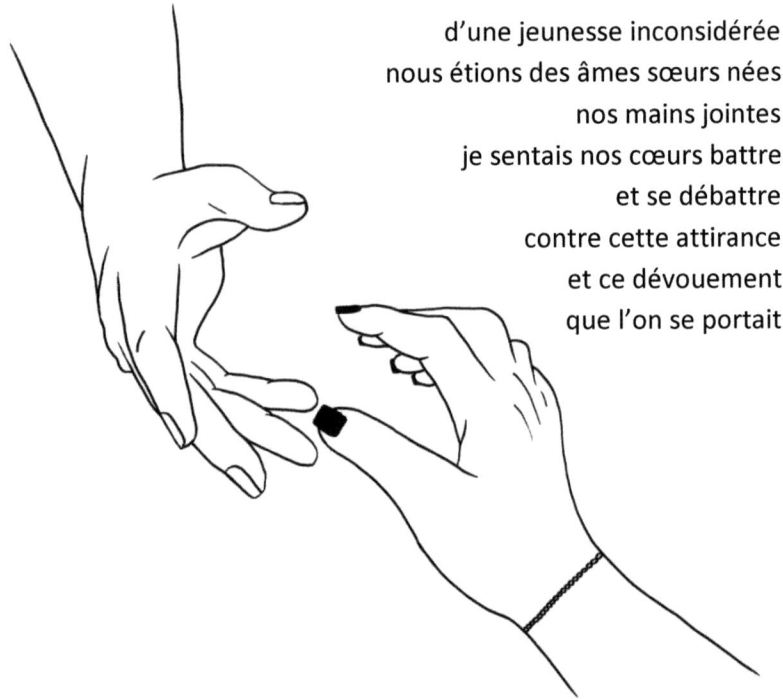

d'une jeunesse inconsidérée
nous étions des âmes sœurs nées
nos mains jointes
je sentais nos cœurs battre
et se débattre
contre cette attirance
et ce dévouement
que l'on se portait

je souhaite que notre relation
dure le plus longtemps possible,
mais si un jour, on devait se séparer
pour une quelconque raison
alors je me ferais une raison

je te laisserais partir
en reprenant mon cœur
offert durant notre premier baiser
et je sais qu'il ne serait pas abîmé
parce que tu auras su en prendre soin
et que je suis prête à m'en occuper
si tu ne peux plus le faire

parce que tu m'auras offert
la meilleure relation
que j'aie eue dans ma vie
une relation saine
où je peux parler
et être écoutée
où je peux être moi-même
jusqu'au bout des ongles
où je suis aimée
pour mes qualités
comme pour mes défauts

    je sais que mon cœur
    t'appartiendra toujours
     un petit peu

Il n'y a rien de plus important que...

trouver quelqu'un qui t'aimera
quand tu ne verras
que le négatif autour toi

trouver quelqu'un qui sera là
pour prendre soin de toi
quand tu en seras incapable

trouver quelqu'un qui t'écoutera
même quand tu bredouilleras
à travers tes larmes

trouver quelqu'un qui t'offrira
une épaule sur laquelle te reposer
une écoute attentive
une présence sincère qui saura te dire
les mots que tu souhaites entendre

Ce n'est pas parce que tu n'as plus cet être auprès de toi, que l'obscurité reviendra pour autant.

Ce n'est pas parce que tu n'as plus cet être auprès de toi, que tu ne seras plus aimé(e) pour autant.

Ce n'est pas parce que tu n'as plus cet être auprès de toi, que tu ne retrouveras plus personne d'autre.

Ce n'est pas parce que tu n'as plus cet être auprès de toi, que tu seras seul(e) pour autant.

Ce n'est pas parce que tu n'as plus cet être auprès de toi, que tu dois t'aimer moins.

- tu es là pour toi

Peut-être que l'amour
ne se trouve pas seulement
en notre moitié,
en notre famille,
en nos amis.

Peut-être que l'amour
se trouve essentiellement
en notre personne,
celle qui est présente
depuis notre premier souffle,
celle que l'on voit à travers le miroir,
celle qui se bat pour nous garder
sur nos deux jambes.

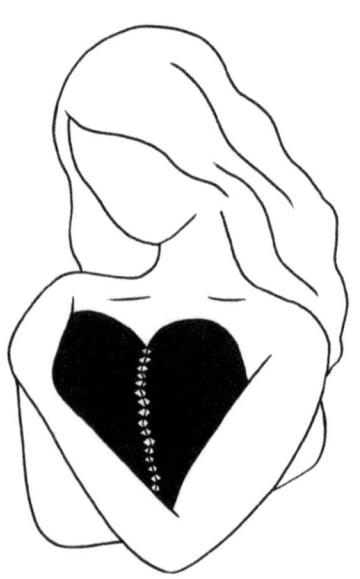

Parce que l'amour,
ce n'est pas seulement
les autres autour de nous.

Parce que l'amour,
c'est à nous-mêmes
que nous devons le donner.

Parce que l'amour,
c'est *nous* avant tout.

Remerciements

Ne devrais-je pas remercier
toutes ces personnes
qui m'ont détruite à petit feu ?
en amitié ou en amour,
ils m'ont poussée à écrire
et à crier sur le papier.

Mais ce n'est pas eux
que je souhaite remercier.
Ce sont les personnes
qui ont recollé mon cœur,
au fil des années,
pour qu'il continue de battre
et de se débattre, malgré tout.

Ce sont les personnes
qui m'ont montré
qu'il n'y avait pas
que de la noirceur
dans le cœur des Hommes,
mais qu'il existait bel et bien
de la lumière hors de l'obscurité.

Une pensée pour ma meilleure amie,
Emilia, qui est toujours présente et prête à me lire,
une pensée pour mes premières (re)lectrices,
Auriane et Léa,
à ma mère pour ses conseils,
à tous ceux
qui ont rafistolé mon cœur
dès qu'il se fissurait
tel un vase au sol.
Merci,
du fond du cœur.

Et je voudrais offrir
un plus grand remerciement
à toi, qui lis ceci.
Il n'y a pas plus
grande importance
que de pouvoir être lue
et se sentir moins seule.
J'espère avoir apaisé
tes maux par mes mots
et t'avoir permis
une nouvelle perception
de notre monde,
en te montrant
la vie et l'espoir,
l'amour véritable,
qui n'attend que toi.

Avec tout mon amour,

POUR NE RIEN MANQUER, VOUS POUVEZ SUIVRE L'AUTRICE SUR LES RÉSEAUX SOCIAUX

Instagram : lespetitsdetailsdejess
Tiktok : lespetitsdetailsdejess
Blog : https://lespetitsdetailsdejess.wordpress.com

Numéros essentiels

SOS Amitié
09 72 39 40 50[i]

- Service d'écoute par téléphone, messagerie, chat, 24h/24 et 7j/7.
- Accueille la parole de celles et ceux qui traversent une période difficile.

Croix Rouge écoute
0 800 858 858

- Pour toute personne ressentant le besoin de parler, quel que soit son âge ou sa situation.
- Bénévoles disponibles 7j/7, de 8h à 20h.

Association Empreintes
01 42 380 808

- Accompagne toute personne en deuil avec la ligne d'écoute téléphonique nationale, gratuite, accessible du lundi au vendredi.

Numéro National contre le cyberharcèlement
30 18

- Numéro national contre le cyberharcèlement, les problèmes des jeunes sur internet et les réseaux sociaux.
- Gratuit, anonyme, confidentiel, accessible 6j/7 de 9h à 20h, par tchat direct, Messenger, WhatsApp.

Composez-le :
3114

- Si vous ressentez une détresse ou des pensées suicidaires.
- Service accessible 24h/24, 7j/7, gratuit partout en France.

[i] « Les lignes d'écoute utiles pour trouver du soutien », Qualisocial, 31 octobre 2024. URL : https://www.qualisocial.com/les-lignes-d-ecoute-utiles-pour-trouver-du-soutien/
« Les numéros utiles nationaux », Ma sécurité - Ministère de l'intérieur, 31 octobre 2024. URL : https://www.masecurite.interieur.gouv.fr/fr/fiches-pratiques/famille-et-aides-aux-victimes/numeros-utiles-nationaux